Lin Hallberg
Du schaffst das, Billie!

*Lin Hallberg*
geboren 1956, wuchs in der Nähe von Stockholm auf. Seit ihr Vater
sie als kleines Mädchen in die Spanische Hofreitschule in Wien
mitnahm, liebt sie Pferde über alles. Heute besitzt sie einen eigenen
kleinen Reiterhof mit ganz vielen Shetlandponys, auf dem auch der
„echte" Billie lebte.

*Margareta Nordqvist*
geboren 1953, ist eine schwedische Künstlerin, Illustratorin und Auto-
rin diverser Kinder- und Jugendbücher.

Lin Hallberg

# Du schaffst das, Billie!

Zeichnungen von Margareta Nordqvist

Aus dem Schwedischen
übersetzt von Maike Dörries

Arena

Weitere Bücher in dieser Reihe:
Alle lieben Billie
Frechdachs Billie, liebster Freund
Neue Freunde für Billie

Titel der schwedischen Originalausgabe: *Kom igen, Sigge,*
erschienen im Bonnier Carlsen Bokförlag, Stockholm
Text © Lin Hallberg 2006
Illustrationen © Margareta Nordqvist 2006

1. Auflage 2017
© für die deutsche Ausgabe: Arena Verlag GmbH, Würzburg 2008
Alle Rechte vorbehalten
Aus dem Schwedischen übersetzt von Maike Dörries
Einband- und Innenillustrationen: Margareta Nordqvist
Covergestaltung: Maria Proctor
Gesamtherstellung: Westermann Druck Zwickau GmbH
ISBN 978-3-401- 45455-9

*www.arena-verlag.de*

# Inhalt

# Weihnachten mit Billie

Elina und ihre kleine Schwester Linnea sind am
Weihnachtsmorgen schon ganz früh wach.
Während sie schliefen, haben Mama und Papa
den Baum geschmückt. Jetzt steht er herrlich
funkelnd im Wohnzimmer.

»Oh!«

Elina und Linnea sitzen auf der Treppe und
staunen die vielen Glitzerlichter im Baum an.

»Ich glaube nicht, dass du Billie kriegst«, sagt
Linnea, nachdem sie alle Pakete untersucht hat.

»Das geht doch auch gar nicht«, sagt Elina.
»Überleg doch mal. Billie würde es niemals
schaffen, so lange still unterm Weihnachtsbaum
zu liegen.«

»Er würde bestimmt auf den Teppich kacken«, kichert Linnea.

»Und den Baum anfressen«, lacht Elina.

In diesem Jahr steht Billie, das kleine Shetlandpony, ganz oben auf Elinas Wunschliste. Obwohl sie natürlich

weiß, dass der Wunsch nicht erfüllt werden kann.

Billie lebt auf dem Reiterhof, wo Elina reiten lernt.

Und ihre Reitlehrerin Ingela, der Billie gehört, würde ihn niemals verkaufen. Das hat sie gesagt.

Aber morgen feiere ich wenigstens Weihnachten mit Billie, denkt Elina. Ihr Herz macht einen kleinen Freudenhopser, als sie daran denkt.

Mama und sie müssen morgen ganz früh aus den Federn. Sie haben Ingela versprochen, im Stall nach dem Rechten zu sehen und sich um alles zu kümmern: füttern, die Ponys auf die Weide bringen, ausmisten und später die Ponys wieder reinholen. Und abends wird noch mal gefüttert.

Elina fällt es schwer, auf die Bescherung zu warten.

Es liegen so viele Päckchen mit ihrem Namen drauf unter dem Weihnachtsbaum. Ein großes, hartes und viele kleine. Eins ist dünn und lang. Elina tut so, als hätte sie keine Ahnung, dass das eine Reitgerte ist. Elina und Linnea sitzen vor dem Weihnachtsbaum und tasten die Geschenke ab, bis Mama und Papa wach werden und das Frühstück fertig ist. Heute gibt es den Weihnachtsmilchreis. In dem Reis ist eine Mandel drin. Wer die findet, darf sich etwas wünschen.

Elina hat die Mandel in ihrem Schälchen.

Sie kneift die Augen zu und denkt an ihren
Wunsch. Und als Linnea von ihr wissen will, was
sie sich gewünscht hat, presst Elina die Lippen
ganz fest zusammen.

»Ich will mir auch was wünschen«, kräht
Linnea.

»Wenn ich es dir verrate, geht der Wunsch
nicht in Erfüllung!« Elina seufzt. Wann ist Linnea
endlich so groß, dass sie das kapiert?

Elina sitzt stundenlang auf der Fensterbank und guckt sehnsüchtig auf die Straße. Nach einer Ewigkeit biegt Omas und Opas Auto in die Auffahrt.

Papa serviert heißen Glühwein, und endlich kann Elina die Neuigkeit loswerden, dass sie und Mama sich am nächsten Tag ganz allein um den Reitstall kümmern.

»Und du pflegst natürlich Billie«, sagt Oma.

Elina nickt zufrieden. Oma versteht sie.

Später am Abend, als die Erwachsenen endlich mit dem Essen fertig sind, sitzt Elina inmitten von Bürsten, einem Hufkratzer, einer Reitgerte, mehreren Ponybüchern und einer nagelneuen blauen Reithose auf dem Boden vor dem Weihnachtsbaum.

»Das ist ja das reinste Ponyweihnachten«, lacht Opa.

Jetzt ist nur noch das große, harte Geschenk von Oma und Opa übrig. Elina reißt das Papier ab. Eine blau-grün karierte Sicherheitsweste kommt zum Vorschein.

»Ein Schildkrötenpanzer!«, jubelt Elina
begeistert.

»Schildkrötenpanzer?« Die Erwachsenen
lachen.

»So nennen es die großen Mädchen im Stall!«
Elina hat Schwierigkeiten, die Reitweste
anzuziehen. Mama muss ihr helfen. Der
gepolsterte Stoff ist sehr steif und die Weste ist

ein bisschen zu groß. Als Elina sich hinsetzen will, rutscht die Weste hoch und drückt unter den Achseln.

Opa lacht.

»Jetzt verstehe ich, was mit Schildkrötenpanzer gemeint ist.«

Mama zupft an der Weste. Sie hat die kleinste Größe genommen.

»Du wirst dich schon daran gewöhnen«, meint sie.

»Ich will auch einen Schildkrötenpanzer«, nörgelt Linnea. Sie wird langsam müde und da kann man es ihr nur schwer recht machen.

Elina erlaubt ihr, die Weste anzuprobieren. Kurz darauf sitzt Linnea auf Papas Schoß und schläft, die Schultern der Weste sind ihr bis über die Ohren gerutscht.

Mama hilft Elina, alle Pferdesachen in ihr Zimmer hochzutragen. Elina reiht sie auf dem Teppich vor dem Bett auf. So sind sie das Letzte, was sie vorm Einschlafen sieht, und das Erste, als sie am nächsten Morgen die Augen aufschlägt.

»Heute ist Ponytag«, flüstert Mama.

»Weihnachten mit Billie«, murmelt Elina verschlafen.

Sie sitzt bereits auf der Bettkante und reibt sich die Augen. Wo sie sonst so eine Langschläferin ist!

Draußen ist es noch stockdunkel, als Elina und Mama zum Reitstall fahren. Aber als das Auto geparkt ist und sie zum Stall gehen, erhellt ihnen der Schnee den Weg. Er ist so eisig, dass er unter ihren Stiefeln knirscht. Elina hält Mamas Hand fest. Die Stalltür knarrt, als sie sie öffnen. Mistgeruch schlägt ihnen entgegen. Es ist ganz still im Stall. Aber kaum machen sie das Licht an, ertönt von allen Seiten leises Wiehern.

Billie steht in seiner Box. Er hat den Kopf zur Boxengasse gedreht und blinzelt verschlafen. Als er Elina sieht, scharrt er mit einem Vorderhuf über den Boden.

Als wollte er ihr sagen: »Wird aber auch Zeit, dass du kommst!«

Ingela hat Heu in die Boxengasse gelegt, um Elina und Mama die Arbeit zu erleichtern. Jedes Shetlandpony kriegt eine kleine Portion und Bacardi, Ingelas großes Pferd, drei große Portionen.

Zuerst füttert Elina Billies Bruder Sam, der links neben Billie steht.

Mama fängt in dem kleinen Stall bei Bacardi an.

»Immer mit der Ruhe«, hört Elina Mama schimpfen, als Bacardi so heftig gegen die Boxentür keilt, dass es durch den ganzen Stall dröhnt.

Bald sind alle Pferde mit Heu versorgt und gefräßige Stille senkt sich über den Stall. Nur das genüssliche Kauen der Tiere ist zu hören.

»Das ist das Beste überhaupt.« Mama seufzt glücklich und lauscht. »Ich hatte fast vergessen, wie friedlich so ein Stall am Morgen ist.«

Während die Ponys im Stall mit ihrem Frühstück beschäftigt sind, heben Mama und Elina einen großen Heuballen in die Schubkarre. Jetzt kriegen die Pferde auf der großen Winterweide, die so gut wie nie in den Stall kommen, ihr Fressen.

Sie warten schon vor dem großen Unterstand. Elina zeigt und erklärt Mama alles.

Das da drüben ist Samira, Billies und Sams Mama. Und neben ihr steht Salsa. Salsa ist Samiras Halbschwester. Die zwei sind gleich alt und haben beide dicke Bäuche, weil sie Fohlen erwarten. Ingela hat gesagt, dass sie Ende Mai zur Welt kommen.

Ein Stück hinter Samira und Salsa steht Atle.
Atle ist ziemlich alt und ganz grau unterm
Stirnschopf. Aber der Rest seines Fells ist
dunkelbraun. Atle war Ingelas Pony, als sie so alt
war wie Elina jetzt. Inzwischen reitet keiner mehr
auf ihm. Das hat Atle selbst so bestimmt.

»Sobald man auf Atle aufsitzt, fängt er an zu humpeln«, erklärt Elina Mama. »Aber kaum sitzt man ab, ist alles wieder in Ordnung.«

»Cleveres Kerlchen.« Mama lacht.

Neben Atle steht Attack. Er ist erst ein Jahr alt, aber doppelt so groß wie Atle. Attack soll Ingelas neues Springpferd werden, nach Bacardi.

Samira und Salsa verscheuchen Attack von der Schubkarre. Es beeindruckt sie gar nicht, dass er viel größer ist als sie. Atle darf bleiben, aber Samira und Salsa sind zuerst mit dem Fressen dran. So ist das nun mal.

Mama und Elina verteilen das Heu auf mehrere Haufen, so wie Ingela es ihnen erklärt hat. Attack will zwischen mehreren Haufen wählen können, möglichst weit weg von den zickigen Ponydamen, mit denen er die Weide teilt.

Als Mama und Elina in den Stall

zurückkommen, ist es Zeit für das Kraftfutter. In der Futterkammer steht ein Stapel schwarzer Futtereimer. Elina stellt sie in einer Reihe nebeneinander auf und Mama verteilt gerecht eingeweichte Rübenraspel und Hafer. Und als besonderes Weihnachtsgeschenk legt Elina jedem Pony zwei Äpfel in den Eimer.

Jetzt kommt Leben in den Stall. Als sie hören, dass die Tür zur Futterkammer aufgeht, fangen die Pferde an, mit den Hufen zu scharren und zu wiehern. Sie sind ganz wild auf Kraftfutter. Alle wollen gleichzeitig was haben. Elina geht zuerst zu Sam, dann zu Billie, während Mama die anderen versorgt.

Während die Ponys fressen, trinken Mama und Elina in der Sattelkammer eine Tasse heißen Kakao.

Elina liest laut Ingelas Liste vor. Haben sie auch nichts vergessen?

Es ist so schön gemütlich, mit Mama in der Sattelkammer zu sitzen! Mama erzählt von

Pontus, ihrem Lieblingspony, als sie klein war. Pontus und Billie haben viel Ähnlichkeit miteinander. Sie sind beide kleine Hitzköpfe und Frechdachse.

Elina kontrolliert Billies Sattel und das Zaumzeug. Sie rückt den Stirnriemen zurecht, der verrutscht ist, und seufzt, als sie das schmutzige Gebissstück sieht. Elina stellt sich vor, dass der Stall ihr und Mama gehört. Nach dem Füttern würden sie ausreiten. Mama auf Bacardi und Elina auf Billie. Als Elina gerade träumt, wie Mama und sie den Reitweg entlanggaloppieren, geht die Tür auf und Josie kommt herein . . .

Da platzt der schöne Traum wie eine Seifenblase. Dabei wollte Elina Billie doch heute ganz für sich alleine haben. Aber wie soll das gehen, wenn Josie da ist?

Josie ist Billies Pflegerin und Elinas Patin; sie hilft Elina, wenn sie donnerstags reitet.

»Ingela meinte, ihr könntet vielleicht Hilfe

gebrauchen.« Der Atem steht wie eine weiße Wolke vor Josies Mund, als sie das sagt.

Elina lässt sich neben Mama auf die Bank plumpsen.

»Na, das nenne ich Glück!« Mama lächelt Josie an und drückt Elina an sich. »Was, Elina?«

# Ponymädchen

Mama lädt Josie zu einem heißen Kakao ein, während sie darauf warten, dass die Ponys mit dem Fressen fertig werden. Sie unterhalten sich über Pferde, und Elina hängt im Stillen wütend ihren Gedanken nach. Jetzt ist der ganze schöne Tag mit Billie verdorben.

»So, was meint ihr, Mädels? Sollen wir die Pferde jetzt rauslassen?« Mama sammelt die Tassen ein und steht auf.

»Du kannst Billie nehmen«, sagt Josie zu Elina.

Elina staunt Josie mit großen Augen an, als die an Billie vorbei in Sams Box geht. Josie beugt sich über die Trennwand zwischen

Billies und Sams Box und krault Billie am
Rücken.

»Oder was sagst du dazu, Freundchen? Heute
ist Elinas Tag mit dir, oder?«

Josie zieht Sam hinter sich her zu Japps Box
und bindet Japp los. Mama hält Nanou und
Molly am Führstrick. Gleich darauf stehen alle
Ponys in der Boxengasse, klar zum Abmarsch.
Elina fasst energisch Billies Führstrick. Sie
gehen als Letzte.

Als sie auf den Stallvorplatz kommen, ist die
Sonne aufgegangen. Billie und Elina blinzeln in
das grelle Licht. Vom Dach tropft es, aber der
Schnee auf dem Boden ist so kalt, dass er
knirscht.

Billie tänzelt nervös, als im Gebüsch neben
dem Stall ein Vogel aufflattert.

»Ist ja gut!« Elina redet beruhigend auf Billie
ein. »Du brauchst keine Angst zu haben«, sagt
sie. »Hier gibt es nichts Gefährliches.«

Sie führen die fünf Ponys auf die Weide und

stellen sich so nebeneinander, dass sie Richtung
Stall gucken.

»Sind alle so weit?«

Es ist wichtig, die Pferde gleichzeitig
loszulassen, das haben sie von Ingela gelernt.
Sonst kann es passieren, dass die Ponys

panisch werden, weil sie denken, sie dürften nicht mit den anderen auf die Weide. Oder ein Pony, das schon losgelassen wurde, fängt Streit mit einem anderen an, das noch am Halfter ist. Da ist es nicht gut, wenn ein Mensch dazwischen steht.

Jetzt wälzen sich erst einmal alle im Schnee, um den Stallgeruch loszuwerden. Billie wartet geduldig, während Sam sich im Schnee wälzt. Als Sam fertig ist, wälzt Billie sich auf genau derselben Stelle. Der Schnee verfärbt sich gelb und ist voller Haare und ganz platt gedrückt. Ein schmutziger Pony-Schneeengel!

Heute sind die Pferde ruhig. Sie trotten gemütlich über die Weide und wühlen mit den Mäulern unterm Schnee nach Grashalmen. Elina und Josie bleiben am Zaun stehen, während Mama zurück in den Stall geht, um Bacardi zu holen.

Er soll zu Attack, Atle und den beiden Stuten auf die Weide.

Josie fragt Elina, was sie zu Weihnachten
bekommen hat.

»Lauter Pferdesachen«, sagt Elina.

Josie lacht, als Elina ihre Geschenke
aufzählt. »Genau wie ich!«

»Ich habe mir nichts anderes gewünscht«,
sagt Elina.

»Ich auch nicht.« Josie nickt. »Aber am allerliebsten hätte ich ein eigenes Pferd.«

»Klar, ich auch.« Elina denkt eine Weile nach. Dann schielt sie neidisch zu Josie. »Aber Billie ist ja fast wie dein eigenes Pferd.«

»Nur an den Tagen, wenn ich ihn pflege«, sagt Josie. »Und da hat Ingela das Sagen. Im Moment darf ich nur an der Longe reiten, weil Billie in letzter Zeit so wild ist. Und Galoppverbot habe ich auch. Ein eigenes Pferd zu haben, stelle ich mir anders vor.«

Jetzt ist der Stall dran. Zuerst müssen Bacardis Box und die Boxen der Ponys ausgemistet werden. Elina holt eine Mistgabel, eine Schaufel und eine Schubkarre, in die die Pferdeäpfel und das dreckige Stroh geschaufelt werden.

»Fang mit der Mistgabel an.« Josie zeigt Elina, wie man die sauberen Halme von den dreckigen trennt.

»Nimm einen Haufen auf die Gabel. So. Dann

schüttelst du das Stroh von den Pferdeäpfeln und legst die sauberen Halme auf einen extra Haufen.«

Elina gibt ihr Bestes. Billies Haufen sind schrecklich schwer und die kleinen Pferdeäpfel rollen in alle Richtungen davon, als sie versucht, sie in die Karre zu heben.

»Den Rest kannst du mit der Schaufel erledigen«, sagt Josie, als Elina sich beklagt. »So geht es am Anfang allen.«

Josie mistet drei Boxen aus, während Elina damit zu kämpfen hat, nur Billies Box sauber zu bekommen. Aber als Josie ihr Hilfe anbietet, schüttelt sie energisch den Kopf. Billies Box will sie ganz alleine sauber machen. Basta.

Am Ende liegen das schmutzige Stroh und die Pferdeäpfel in der Karre, die Elina voller Stolz auf den Misthaufen fährt. Aber auf halber Strecke nach oben verlassen Elina die Kräfte, und die Karre kippt zur Seite. Der Inhalt bleibt als kleiner Hügel neben der Planke liegen.

»Macht nichts«, sagt Josie. »Das kannst du später mit der Mistgabel verteilen.«

Elina und Josie klettern gemeinsam auf den Boden über dem Stall. Sie brauchen mehr Heu- und Strohballen. Elina geht hinter Josie. Es ist ihr etwas unheimlich, als Josie die Bodenluke öffnet und man in die Boxengasse sehen kann. Elina will nicht runterfallen.

»Achtung!«, ruft Josie, ehe sie den ersten Strohballen hinunterwirft. Elina schiebt noch einen Strohballen zu ihr rüber, bevor sie ein paar Heuballen holen.

Das schaffen sie nur mit vereinten Kräften. Josie meint, dass so ein Ballen mindestens fünfzehn Kilo wiegt.

Jetzt bekommen die Pferde das »Bett gemacht«. Zuerst verteilt Elina das alte Stroh in Billies Box.

Dann nimmt sie ein paar Gabeln von den sauberen goldgelben Halmen und streut sie in einer Lage darüber. Das sieht richtig gemütlich aus!

Als Elina das frische Lager in Billies Box bewundert, kommt Mojje anspaziert, der Stallkater. Er streicht um ihre Beine und miaut. »Jetzt bin ich mit dem Fressen dran«, scheint er zu sagen.

Das ist Elinas Aufgabe. In dem Fach unter der
Bank in der Sattelkammer steht eine Tüte mit
Trockenfutter für Mojje. Elina hebt mit Mühe die
Klappe und füllt Futter in Mojjes Napf, während
Mojje mit den Vorderpfoten auf der Bank steht
und Elinas Hände anstupst.

»Mojje! Geduld, sonst verschütte ich alles.«

Elina gießt Wasser in den anderen Napf und
stellt die Näpfe nebeneinander in Mojjes
kleines Eckchen im hinteren Winkel der
Sattelkammer.

»Das wär's«, sagt Mama. »Wollen wir nach
Hause fahren und uns ein bisschen ausruhen,
ehe es weitergeht?«

»Nein!« Elina protestiert.

»Du kannst mit mir hierbleiben. Dann können
wir zusammen aufräumen.« Josie hat es sich in
der Sattelkammer gemütlich gemacht und ihren
Proviant ausgepackt.

»Oh ja, Mama, bitte!«, ruft Elina.

»Aber nur, wenn ihr mir versprecht, nicht auf

die Weide zu den Pferden zu gehen«, ermahnt Mama sie.

»Das machen wir nie«, antwortet Josie.

Elina kann kaum glauben, dass es wahr ist. Josie und sie sind gemeinsam Ponymädchen. Als Mama weg ist, räumen sie die Sattelkammer auf. Elina findet Aufräumen sonst doof, aber im Stall macht es richtig Spaß. Und hinterher sieht es schön aus!

»Ingela wird sich ein Loch in den Bauch freuen«, sagt Josie.

»Das ist unser Weihnachtsgeschenk für sie.« Elina lacht erwartungsvoll.

Josie ist fast so albern wie Elina und ihre Freundinnen. Als sie mit dem Aufräumen fertig sind, will Josie nach draußen gehen und Pferd spielen.

Sie schleppen jede Menge Hindernisstangen auf den Reitplatz und viereckige Plastikblöcke, auf die sie die Stangen legen.

Josie schlägt vor, einen Parcours aufzubauen und ein Springturnier zu machen.

»Ich reite auf Billie«, bestimmt Josie.

»Ich auch«, sagt Elina.

»Ich muss mit ihm trainieren«, erklärt Josie. »Nächsten Sonntag reiten wir zusammen beim Springturnier in Backahof.«

Josie gibt Elina ihre Armbanduhr, damit sie die Zeit stoppen kann, wenn Josie über die Hindernisse springt. Sie versucht, ihren eigenen Rekord zu schlagen. Irgendwann ist sie völlig am Ende und außer Puste.

»Puhhh, jetzt darfst du eine Runde mit ihm reiten«, schnauft sie.

»Mit Billie?«

»Er springt heute supergut«, keucht Josie.

Inzwischen sind die Ponys auf der Weide neugierig geworden. Während Elina herumgerannt ist und so getan hat, als wäre sie Billie, sind sie an den Zaun gekommen und schauen neugierig herüber.

Josie gewinnt. Elina kann nicht so schnell rennen und vergisst immer wieder, in welcher Reihenfolge sie über die Hindernisse springen muss.

»Bis zu deinem ersten Springturnier wird es wohl noch etwas dauern«, stellt Josie fest.

»Vorher muss ich noch Galoppieren lernen«, sagt Elina und nickt.

Sie gehen zum Zaun und reden mit den
Ponys. Elina und Josie streicheln Billie von
beiden Seiten am Maul.

»Billie ist der Beste«, sagt Josie.

»Der Beste auf der ganzen Welt«, sagt Elina.

»Wenn Ingela es erlaubt, kannst du am
Sonntag ja vielleicht als Billies Pflegerin mit zum
Springturnier kommen.«

»Glaubst du, dass ich das kann?« Elina sieht Josie an.

»Klar doch.« Josie stupst Elina freundschaftlich in die Seite. »Du bist doch auch ein Billie-Mädchen.«

Der wunderbare Weihnachtstag ist viel zu schnell zu Ende. Elina mag sich gar nicht vom Stall und von Billie trennen, aber als sie zu Hause sind und um den Esstisch sitzen, ist Elina so erschöpft, dass sie fast mit dem Kopf neben dem Teller einschläft. Papa trägt Elina in ihr Zimmer hoch. Alles, was sie an diesem Tag erlebt hat, wirbelt in ihrem Kopf herum. Im Halbschlaf murmelt sie etwas von Mistgabeln, Misthaufen und Heuballen.

»Billie braucht was zu fressen.« Elina richtet sich auf.

»Jetzt wird geschlafen.« Papa drückt sie entschieden zurück in ihr Kissen.

# Das Schneepferd

Am zweiten Weihnachtsfeiertag schneit es.
Elina und Linnea bauen im Garten ein
Schneepferd. Natürlich nennen sie es Billie.
Elina läuft nach drinnen und holt die Bürsten, die
sie zu Weihnachten bekommen hat. Sie bürsten
und striegeln das Schneepferd, bevor sie
ausreiten.

»Kann ich allein!«

Linnea fängt an zu schreien, als Elina sagt, es
wäre besser, wenn sie Billie führt.

»Dann musst du grade sitzen«, sagt Elina
streng, »und die Hände still halten. Sonst wird
Billie nervös.«

Elina gibt eine Reitstunde, aber Linnea kann

keine einzige Hufschlagfigur, und sie will nicht kapieren, dass man beim Traben abwechselnd aus dem Sattel aufstehen und sich wieder setzen muss. Obwohl Elina ihr erklärt, dass es extrem hoppelt und unbequem ist, wenn man das nicht macht.

»Wenn du nicht zuhörst, lernst du es nie«, sagt Elina.

Linnea hat keine Lust mehr. Sie rutscht von Schnee-Billie herunter, legt sich auf den Rücken und macht einen Schneeengel.

»Jetzt bleib aber mal stehen.«

Elina spricht beruhigend mit Schnee-Billie, als sie aufsitzt.

»Gleich darfst du ja galoppieren, aber zuerst reiten wir ein Stück im Schritt.« Elina gräbt Mulden in Schnee-Billies Flanken, in die sie die Füße stellen kann. Nachdem Schnee-Billie ein paar Runden im Schritt durch den Garten geritten ist, fällt er in einen leichten Trab.

Sie umrunden die Bäume und machen eine Entdeckungsreise hinter die Himbeerbüsche. Elina stellt sich in die Steigbügel und treibt Schnee-Billie zum Galopp an. Sie schließt die Augen vor den wirbelnden Schneeflocken und fühlt, wie ihr der Wind um die Ohren pfeift.

Abends ruft Ingela an und bedankt sich.

Mama erzählt, dass sie Elina kaum aus dem Stall loseisen konnte, so viel Spaß hat es ihr gemacht. Ehe Ingela auflegt, sagt sie, dass Elina am nächsten Tag gern im Stall vorbeikommen kann, wenn sie Lust hat.

Als Elina am nächsten Tag in den Stall kommt, sind die Pferde schon auf der Weide. Die Mädchen sitzen in der Sattelkammer und putzen die Trensen.

»Elina will heute mithelfen.«

Ingela hat einen Arm um Elinas Schulter gelegt, während sie mit den großen Mädchen redet.

»Ihr zeigt ihr doch, was sie machen kann?«

»Du kannst dich zu mir setzen.«

Josie rutscht auf der Bank zur Seite, damit Elina Platz hat. Sie ist dabei, Billies Trense auseinanderzunehmen. Elina darf ihr mit den vielen kleinen Riemen behilflich sein.

Als sie damit fertig sind, liegt ein Haufen

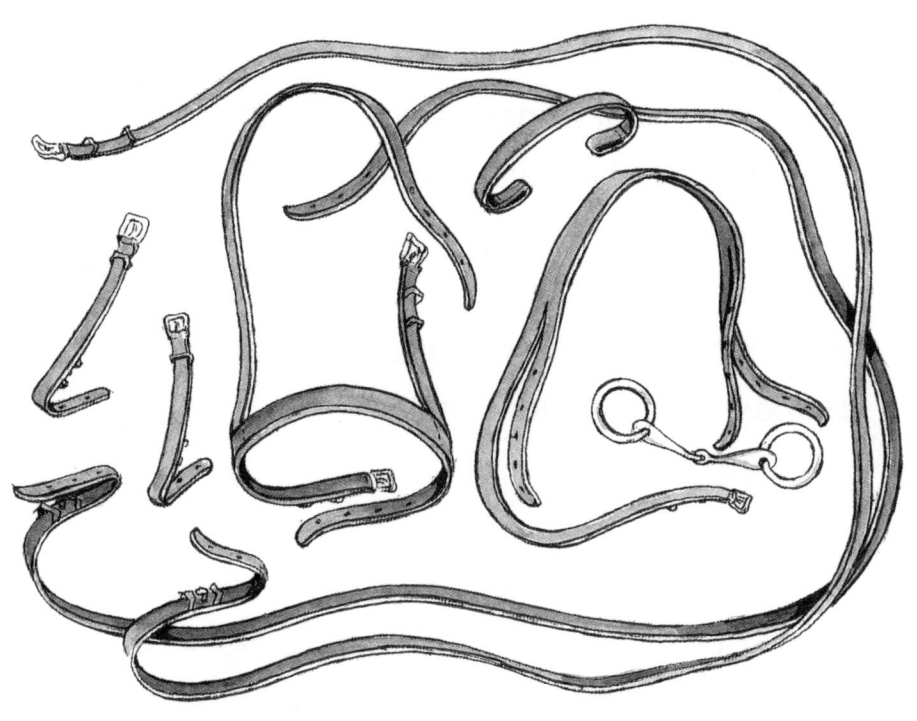

kleiner Einzelteile vor ihnen auf dem Tisch. Jetzt
wird jedes einzelne sauber gemacht.

Auf dem Boden steht ein Eimer mit lauwarmem
Wasser. Und auf dem Tisch stehen kleine
Plastikdosen mit Sattelseife. Josie zeigt Elina,
wie man den Schwamm feucht macht, den

größten Teil des Wassers wieder auswringt und über die Seife reibt.

»Er darf nicht zu nass sein«, ermahnt Josie sie. »Sonst geht das Leder kaputt.«

Josie zeigt, wie man die Lederriemen mit dem Schwamm einreiben muss, bevor man ihn auswäscht und den Vorgang so oft wiederholt, bis das Leder sauber und glatt ist.

»Sieh mal!«

Josie zeigt Elina die Rückseite von Billies Nasenriemen. Sie kratzt mit dem Nagel darüber, damit Elina sehen kann, wie schmutzig er ist. Unter ihrem Nagel sammelt sich eine graue Masse.

»Das muss alles weg.«

Stirnriemen, Genickstück, Gebissriemen, Backenriemen, Nasenriemen, Gebissstück und Zügel. In Elinas Kopf wirbelt alles durcheinander, als die Teile wieder zusammengesetzt werden sollen. Obwohl sie so aufmerksam waren, sind die Zügel am Ende verkehrt herum. Die Mädchen lachen, als sie das Versehen bemerken.

»Das ist das Fieseste am Pflegerjob.« Sara, die Japps Pflegerin ist, seufzt laut. Sie kann machen, was sie will, am Ende sitzt immer ein Teil falsch an Japps Zaumzeug.

Als Ingela zurück in den Stall kommt, sieht sie sich jedes Zaumzeug an und hilft, wo etwas falsch ist.

»Stellt euch vor, ihr trenst auf«, sagt sie. »Hängt das Zaumzeug über das Putzgestell, als wäre es der Kopf des Ponys, dann sieht man es besser.«

»Jetzt sind die Sättel an der Reihe.«

Mollys Pflegerin Jenny steht auf und holt Mollys Sattel.

»Das ist viel leichter.«

»Vorher wollte ich euch aber bitten, mit mir auf die Weide zu kommen. Der Schnee muss von den Elektroleitungen gefegt werden, damit der Zaun nicht schlappmacht.«

Elina und Josie gehen zusammen. Sie laufen
am Zaun entlang und ziehen mit den
Handschuhen an den Leitungen entlang, damit
der Schnee abfällt.

»Zum Glück ist der Strom abgestellt«, sagt
Josie.

Josie hat bestimmt, dass Elina hinter ihr geht
und den unteren Draht vom Schnee befreit,
während sie den oberen nimmt. Ein paar
Ponys kommen angelaufen, um sie zu
begrüßen und nachzusehen, was sie da

machen. Aber das wird ihnen bald langweilig und so gehen sie wieder Gras suchen unter der Schneedecke. Es hat aufgehört zu schneien, und nach einer Weile kommt die Sonne heraus. Billie und Sam stellen sich nebeneinander und kratzen sich gegenseitig mit den Zähnen im Fell.

Elina muss lachen. Das sieht lustig aus. Als Billie in ihre Richtung schaut, kleben lauter braune Sam-Haare um sein Maul.

Als sie mit dem Zaun fertig sind, lädt Ingela alle zu warmer Schokolade in ihre Küche ein. Eine Gruppe verfröstelter Pferdemädchen sitzt um Ingelas Küchentisch. Elina sieht sich neugierig um. An der Wand über der Küchenbank hängen viele Fotos von Pferden und Kindern.

»Sind das Billie und Sam?« Elina zeigt schüchtern auf ein Foto mit zwei Ponys.

»Ja, und das ist Eric, mein Sohn.«

Ingela zeigt auf den Jungen, der zwischen den

Ponys steht. In dem Moment betritt ein Junge die Küche.

»Da haben wir ihn ja«, sagt Ingela. »Wir haben gerade von dir gesprochen, Eric.«

Eric möchte auch einen heißen Kakao, und als alle ausgetrunken haben und wieder in den Stall gehen wollen, kommt er mit.

»Wir holen die Pferde heute etwas früher rein«, sagt Ingela. »Dann könnt ihr noch eine Weile an der Longe reiten, bevor ihr nach Hause geht.«

»Oh nein!«, ruft Sara laut. »Ich muss doch jetzt nach Hause.«

»Da kann man nichts machen«, meint Ingela.

»Aber du hast doch gesagt, dass die Pferde Ferien haben«, beschwert Sara sich.

»Ein bisschen Bewegung tut ihnen ganz gut«, sagt Ingela. »Damit sie nicht zu aufgedreht und albern werden.«

Als Ingela sich an den Zaun stellt und ruft, kommen die Pferde angelaufen. Elina nimmt Japp, weil Sara nach Hause muss. Japp sieht aus, als würde er einschlafen, als Elina ihm mühsam das Halfter anlegt.

Als sie losgehen wollen, muss Elina ihm einen Klaps aufs Hinterteil geben, damit er aufwacht.

Elina sieht sehnsüchtig zu Josie rüber, die einen Arm um Billies Nacken gelegt hat.

Aber die Hauptsache ist doch, überhaupt ein Pferd zu haben. Japp ist in Ordnung und sehr lieb.

Als Elina ihn hinter den Ohren krault, legt er den Kopf auf ihre Schulter und seufzt zufrieden.

Es ist alles ganz anders als an den Donnerstagen, wenn Elina ihre Reitstunde hat. Jetzt ruft keiner, weil er Hilfe braucht. Jedes

Mädchen kümmert sich um sein Pferd, und
Ingela ist bei Bacardi im kleinen Stall. Als alle
fertig sind, kommt Ingela zu Elina.

»Traust du dich, alleine auf Japp zu reiten, im
Schritt?«

Elina nickt. Sie fühlt sich wie eins der großen

Mädchen, als sie hinter Josie und den anderen her in die Sattelkammer geht, um Japps Sattel und Zaumzeug zu holen. Ihre Hände zittern, als sie die Satteldecke auflegt, und wie sie es auch anstellt, der Sattel will einfach nicht richtig sitzen. Aber Elina will niemanden um Hilfe bitten. Sonst überlegt Ingela es sich womöglich noch anders.

»Das kriegst du auch bald hin.« Ingela hilft Elina. Dabei hat sie gar nichts gesagt. Und als sie Elina anlächelt, sieht sie nicht so aus, als hätte sie es sich anders überlegt.

»Den Rest schaffst du allein«, sagt Ingela. »Japp hat nie Unfug im Kopf.«

Es ist ein herrliches Gefühl, Japp auf den Stallvorplatz zu führen. Elina schüttelt den Kopf, als Ingela fragt, ob sie Hilfe braucht. Später muss sie ein wenig mit Japp schimpfen, weil er seinen Bauch so aufbläht, dass sie die Gurtschnalle kaum ins äußere Loch kriegt.

Die Zügel in die linke Hand, linker Fuß in den Steigbügel und dann mit Schwung in den Sattel.

Elina könnte vor Stolz platzen, als sie im Schritt mit Ingela, Eric und den großen Mädchen zur Reitbahn reitet. Matilda, Hanna und Agnes

werden ihren Ohren nicht trauen, wenn sie ihnen das nach den Ferien erzählt.

Japp ist superlieb! Er geht zwar ziemlich langsam, aber immerhin bleibt er stehen, wenn Elina es will, und geht gehorsam einen Bogen, als sie versucht, eine Volte zu reiten. Elina tätschelt ihn am Hals, ohne die Zügel loszulassen. Nach Billie ist Japp das zweitbeste Pferd, auf dem sie je geritten ist.

Es macht nichts, als Ingela sagt, dass sie sich im Hufschlag halten soll, während die anderen traben. Und es macht auch nichts, dass sie still in der Mitte warten muss, während die anderen galoppieren. Es ist wunderbar, einfach nur dazusitzen und zuzugucken.

Elina beugt sich vor und flüstert Japp ins Ohr: »Wir zwei gehen es ganz ruhig an.«

Ingela möchte, dass die großen Mädchen und Eric einzeln galoppieren. Billie darf anfangen und ist so aufgeregt und glücklich, wie nur er es sein kann. Elina muss lachen, als sie ihn ansieht. Er

macht ein paar Bocksprünge, die Josie aus dem
Sattel heben. Elina hält die Luft an. Hoffentlich
fällt Josie nicht runter!

Aber heute ist Sam der größte Frechdachs. Er will sich nicht von den anderen Ponys trennen und alleine im Hufschlag gehen. Als Eric ihm mit der Reitgerte hinterm Sattel auf die Lende klopft, macht Sam aus dem Stand einen Bocksprung senkrecht in die Luft.

»Sam!«

Eric schimpft laut mit Sam. Elina staunt, wie er es schafft, im Sattel zu bleiben, als Sam bockt und zur Seite abhaut. Es sieht aus, als wäre Eric auf Sams Rücken festgeklebt.

Nach einer Weile beruhigt Sam sich wieder und danach sausen sie im Galopp über den Hufschlag. Plötzlich scheint Sam viel Spaß zu haben.

»Sam muss immer seine Grenzen austesten«, sagt Ingela seufzend. »Wie ein trotziges Kind.«

Als sie nach dem Reiten die Pferde versorgen, fragt Elina Josie: »Ist Eric Sams Pfleger?«

»Sam ist Erics Pony«, erzählt Josie. »Sie sind im gleichen Jahr geboren. Eric ist neun Jahre alt, genau wie Sam. Aber Sams Pflegerin ist eigentlich Linda.«

Eine tolle Vorstellung! Eine Mutter zu haben, die Reitlehrerin ist, und ein eigenes Pony . . . Elina stellt sich vor, dass sie Ingelas Tochter ist und Billie ihr Pony. Komisch wäre das. Elina möchte gar keine andere Mama als ihre eigene.

Als Elina an diesem Abend Mama und Papa und Linnea von ihrem Tag erzählt, sprudelt alles auf einmal in einem riesigen Durcheinander aus ihr heraus. Eric, Sam, Billie, verschneiter Zaun, Japp und die tolle Extrastunde in der Reitbahn.

»Ich verstehe nur Bahnhof.« Papa lacht über Elinas glückliches Geplapper. »Aber Spaß scheint ihr jedenfalls gehabt zu haben.«

»Ingela sagt, dass ich bei dem Turnier am Sonntag Billies Pflegerin sein darf!« Elina

strahlt wie die Sonne an einem dunklen
Winterabend.

»Das wird wohl nichts werden. Wir sind am
Abend vorher zu einem Fest eingeladen.« Mama
sieht Elina bedauernd an.

»Ich muss aber dahin!«,
ruft Elina. Aber Mama lässt
sich nicht erweichen. Sie
sagt, dass Mamas auch
mal ausschlafen müssen
und dass sie ja später
zu dem Turnier fahren
können.

Elina fängt an zu
weinen. Josie und sie
haben verabredet,
dass sie sich
morgens im Stall
treffen wollen, um

Billies Mähne zu flechten und ihn fein zu
machen. Elina schreit Mama an: »Das verzeih
ich dir nie.«

# Der Hufschmied kommt

Elina schmollt. Sie will nicht mit Mama in den Supermarkt fahren und einkaufen.

Als Linnea und Papa fragen, ob sie mit ihnen einen Schneemann bauen will, schüttelt sie nur den Kopf.

Elina sitzt auf der Fensterbank in ihrem Zimmer und bemitleidet sich selbst. Sie sieht Papa und Linnea im Schnee toben und Spaß haben. Das ist ungerecht. Es ist schrecklich langweilig, alleine im Zimmer zu sitzen.

Irgendwann zieht Elina ihren Overall und die Stiefel an.

Sie geht an Linnea und Papa vorbei zu ihrem Schnee-Billie. Elina klettert auf seinen rutschigen

Rücken und vergisst, dass man normalerweise mit Schritt anfängt. Sie schiebt die Füße in die Aushöhlungen in Schnee-Billies Flanken und prescht im Galopp davon.

»Was für ein Tempo!«

Papa hat Linnea bei ihrem Schneemann zurückgelassen. Er lächelt Elina mit seinem liebsten Papalächeln an. Aber Elina tut so, als würde sie es nicht sehen. Sie starrt zwischen Billies Ohren nach vorn und galoppiert so schnell, wie sie sich traut.

»Das ist nicht schön, wenn du so sauer bist«, sagt Papa. »Du hast mich heute noch gar nicht in den Arm genommen.«

Nein, das macht keinen Spaß, denkt Elina. Es tut schon fast weh, so sehr vermisst sie eine richtige Papaumarmung.

»Du kannst nicht ständig im Stall sein«, sagt Papa. »Dann vergehen Mama und ich vor Sehnsucht, weil es hier so leer und einsam ist.«

»Du darfst mich vom Pferd heben, wenn du magst.«

Elina streckt Papa die Arme entgegen, obwohl sie ganz leicht selber absitzen könnte. Papa nimmt sie in den Arm und dreht sich in einer superfesten Umarmung mit ihr im Kreis.

»Weißt du, was«, sagt er. »Manchmal bin ich fast ein bisschen eifersüchtig auf Billie.«

»Ich hab dich aber auch am meisten lieb«, sagt Elina.

Elina kommen die Tränen. Weil es so schön ist, nicht mehr sauer zu sein.

Danach spielen Elina und Linnea den ganzen Vormittag zusammen. Sie sitzen auf dem Teppich in Elinas Zimmer mit den Plastikpferden und dem Kartonstall zwischen sich. Sie bauen eine Hindernisbahn aus Garnspulen und Schaschlikspießen, die sie in kürzere Stücke zerteilen. Sie stoppen die Zeit mit der Eieruhr, als die Pferde über die Hindernisse springen. Elina reitet auf Billie. Er ist flink wie der Wind. Bis Linnea eingeschnappt ist und schreit, dass das ungerecht ist und sie auch gewinnen will. Da darf sie mit Sam springen und auch einmal gewinnen.

»Ich hab gewonnen, ich hab gewonnen, ich hab gewonnen«, singt Linnea, als es Zeit fürs Mittagessen ist.

»Aber eigentlich ist Billie der Sieger«,

murmelt Elina so leise, dass Linnea es nicht hört.

Linnea ist müde und gleich ist es Zeit für ihren Mittagsschlaf. Elina will nicht, dass sie vorher noch anfängt zu schreien.

»Wie lieb du heute zu Linnea bist.« Mama lobt Elina, als sie nach dem Essen zusammen den Tisch abräumen.

»Ich bin auf dem Nachhauseweg beim Stall vorbeigefahren«, sagt Mama.

Elina bleibt fast das Herz stehen, als sie gespannt wartet, was Mama weiter sagt.

»Ingela meinte, dass Josie und ihre Eltern dich Sonntagmorgen abholen können, wenn du mit zu dem Turnier willst.«

Elina lässt sich das aufgeregte Flattern im Bauch nicht anmerken. Sie verspricht Mama, dass sie auch ganz alleine aufstehen kann. Und beim Frühstücken keinen Mucks von sich gibt. Und dass sie an der Straße auf Josie und ihre Eltern wartet. Überhaupt kein Problem.

»Also, abgemacht.«

Mama lächelt Elina an, die plötzlich wieder ganz gute Laune hat.

Am Tag vor dem Turnier wimmelt es im Stall vor Mädchen. Elina darf wieder dabei sein.

Heute werden die Pferde von der Winterweide in den Stall gebracht, weil der Hufschmied kommt und ihre Hufe in Ordnung bringt. Als Erstes bringt Ingela Bacardi herein. Während sie Attack holt, kümmern sich die Mädchen um die Ponys.

Josie und Elina sollen Atle holen. Als sie mit dem Halfter auf ihn zugehen, dreht er sich um und geht einfach weg. Erst, als schon alle anderen Pferde am Ausgang warten und Atle merkt, dass er alleine auf der Weide ist, lässt er sich einfangen.

Auf dem Weg zum Stall fängt Atle an zu hinken.

»Ich glaube, Atle hat was am Bein!«, sagt Elina.

Sie müssen ihn fast hinter sich herziehen.

Josie ruft Ingela.

»Es gibt keinen so guten Schauspieler wie

Atle!« Ingela lacht, als sie Atles leidenden Blick
und seinen Humpelgang sieht.

»Ihr werdet schon sehen, wenn wir ihn
nachher wieder rauslassen.«

Attack steht in der Box neben Bacardi. Die
Ponys stehen zu zweit in den Boxen im großen
Stall. Der Hufschmied ist eine Frau und heißt
Kerstin. Sie beginnt mit Atle, der schnell
ungeduldig wird, wenn er zu lange im Stall steht.

»Na, wie geht es dir, altes Haus?«

Kerstin redet mit Atle, als sie seine Vorderhufe

hochhebt und die Werkzeugkiste zu sich ranzieht. Sie klemmt Atles Huf zwischen die Knie und beschneidet sie mit einer riesigen Zange. Elina sieht erschrocken zu, wie Kerstin große Stücke der Hufe abschneidet.

»Das ist so, als wenn wir unsere Nägel schneiden«, sagt Kerstin, als sie Elinas besorgten Gesichtsausdruck sieht. »Wenn man die Hufe nicht gründlich pflegt, kann das Pferd irgendwann nicht mehr gehen.«

»Tut das weh?«, fragt Elina, als Atle mit dem Bein zuckt und versucht, den Huf freizubekommen.

»Nein, wenn man nicht zu viel abschneidet. Und das tu ich nicht. Atle stellt sich nur ein bisschen an. Und er ist etwas steif, weil er so alt ist. Er findet es unbequem, so zu stehen.«

Ingela hebt ein Stück von Atles Huf auf und legt es in Elinas Hand. Es ist ganz hart und scharfkantig und riecht ziemlich ekelig.

Als Kerstin mit dem Schneiden fertig ist, feilt

sie den Huf mit einer großen Feile. Hinterher ist der Boden voller weißer Krümel.

Während Kerstin ihre Arbeit macht, verwöhnen die Mädchen Samira und Salsa. Sie haben lange Zotteln in den Mähnen, die entknotet werden müssen.

»Man könnte meinen, dass die Pferde gegenseitig in ihren Mähnen klöppeln.«

Ingela lacht, als sie erklärt, wie die Pferde solche Zotteln kriegen.

»Samira und Salsa wühlen und knabbern mit Begeisterung in der Mähne der anderen. Das ist ihre Lieblingsbeschäftigung, kann man sagen.«

Josie und Elina ziehen die Handschuhe aus. Es ist eine rechte Fummelei, bis alle Zotteln in Samiras Mähne entwirrt sind, die Salsa dort gemacht hat. Aber am Ende können sie ihre lange weiße Mähne bürsten.

»Oh, jetzt sieht sie aber hübsch aus!«

Die anderen Mädchen bewundern Samira.

»Man sieht, dass sie Billies Mama ist«, sagt Josie.

Attack nimmt Kerstin sich als Letzten vor. Er scheut und will nicht still stehen. Ingela hält ihn fest. Sie schimpft mit ihm, als er sich auf die Hinterbeine stellt. Die Mädchen halten sich in sicherem Abstand. Elina bewundert Ingela, die sich so nah rantraut. Sie scheint kein bisschen Angst zu haben.

»Reiß dich zusammen!«, brüllt Ingela so laut, dass Elina erschrocken zusammenzuckt. Aber das Brüllen führt dazu, dass Attack still steht. Einen Moment lang, jedenfalls.

»Ganz ruhig!« Kerstin streicht Attack über den Hals.

»So, ja. Du bist doch kein Fohlen mehr.« Ingela redet weiter mit ihm, während Kerstin den Huf anhebt.

»Offiziell ist er jetzt ein Jahr alt«, sagt Kerstin. »Wisst ihr, dass alle Pferde am Neujahrstag ein Jahr älter werden?«

»Aber Billie hat doch am vierten Juni Geburtstag«, sagt Josie.

»Unsere Pferde haben alle einen richtigen Geburtstag«, sagt Ingela.

»Mit Torte und Geburtstagsständchen am Bett?«, ulkt Kerstin.

Endlich ist Attack fertig. Ingela und Kerstin überhäufen ihn mit Lob und versprechen ihm, dass es das nächste Mal schon besser gehen wird.

Kerstin packt ihre Sachen ins Auto und macht mit Ingela aus, in der nächsten Woche wiederzukommen. Dann soll Bacardi neue Hufeisen bekommen und die Stallponys sollen getrimmt werden.

Jetzt ist es Zeit, die Pferde wieder nach draußen zu bringen.

Atle düst los wie eine kleine Dampflok. Josie und Elina können ihn kaum halten.

»Was hab ich euch gesagt.« Ingela lacht, als Atle mit Attack auf die Weide läuft.

»Der weltbeste Schauspieler.«

»Erzähl noch mal, wie es war, als du ihn zum ersten Mal geritten bist«, bittet Josie.

»Er war ein hoffnungsloser Fall. Und ich viel zu klein für ein eigenes Pferd. Am Anfang hat Atle alles bestimmt. Wenn ihm was nicht passte, hat er sich einfach auf den Boden gelegt oder ist weggegangen.«

»Aber du warst hartnäckig«, sagt Sara, die die Geschichte auch schon kennt.

»Das muss man sein, wenn man Shettys reiten will«, sagt Ingela. »Das wisst ihr doch, oder? Wenn man gelernt hat, ein Shetlandpony zu reiten, wird man mit jedem anderen Pferd fertig.«

Ich bin auch hartnäckig, denkt Elina. Trotzdem hofft sie, dass Billie nie auf die Idee kommt, sich auf den Boden zu werfen, wenn sie ihn reitet.

# Das Springturnier

Am Sonntagmorgen holen Josie und ihr Vater
Elina schon um halb acht ab. Obwohl es noch so
früh ist, geht es im Stall lebhaft zu. Elina, die sich
Weihnachten dort ganz zu Hause gefühlt hat,
kommt sich mit einem Mal so klein und verlassen
vor. Viele der Mädchen hat sie noch nie vorher
gesehen.

Sie ist froh, in Billies Box schlüpfen zu können.
Wenigstens ist er wie immer. Elina legt die Arme
um seinen Hals, während er sein Heu frisst.

»Heute musst du zeigen, was du kannst«,
flüstert Elina, als Josie mit Billies Bürsteneimer in
die Box kommt.

»Du kannst den Schwanz striegeln. Hier!

Nimm die Schweifbürste.« Josie reicht Elina die rosa Noppenbürste und beginnt selber, Billie die Strohhalme und den Staub aus dem Fell zu bürsten, die sich über Nacht dort festgesetzt haben.

Josie unterhält sich mit Sara, die in der Box

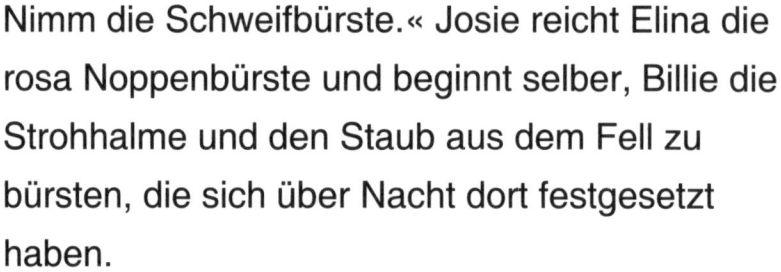

nebenan mit Japp beschäftigt ist. Sie seufzen und jammern, wie aufgeregt sie sind.

»Wenn Billie gut drauf ist, wird es schon klappen.«

Josie beugt sich mit der Bürste in der Hand über die Trennwand.

»Ich muss dran denken, Japp ordentlich anzufeuern.«

Saras Hände liegen auf Japps Rücken, als sie mit Josie redet.

»Wird schon gut gehen.«

»Das glaubst du doch selber nicht!« In Nanous Box steht ein Mädchen, das Elina noch nie gesehen hat.

Es ist Nanous Pflegerin.

Sie grinst Sara frech an.

»Japp kann, wenn er will«, antwortet Sara eingeschnappt.

Elina müht sich mit Billies Schwanz ab. Niemand unterhält sich mit ihr. Es ist, als wäre sie Luft. Nach einer Weile verschwindet Josie mit Sara in der Sattelkammer und lässt Elina alleine. Den Schwanz zu striegeln, ist eine doofe Arbeit. Er ist so dick und voller gelber Flecke und an einigen Stellen ganz verklebt.

Aber Elina traut sich nicht aufzuhören.

Wegzugehen traut sie sich auch nicht. In diesem Moment säße Elina viel lieber mit Mama und Papa und Linnea zu Hause am Frühstückstisch. Das mit dem Springturnier macht plötzlich gar nicht mehr so viel Spaß.

Als Josie zurückkommt, übernimmt sie das Striegeln. Elina muss draußen in der Stallgasse warten und zugucken, wie Josie die letzten Strähnen ausbürstet.

»Du darfst dann später beim Aufsatteln helfen«, sagt sie zu Elina. »Jetzt kann ich dich hier nicht gebrauchen. Ich will nicht, dass Billie nervös wird.«

»Du bist gemein!«

Rebecca funkelt Josie böse an. »Du hast ihr doch selber vorgeschlagen, als Billies Pflegerin mitzukommen. Dann musst du ihr auch eine Aufgabe geben.«

»Bei dem Turnier brauche ich Hilfe. Das weiß Elina«, faucht Josie zurück.

Als Ingela in den Stall kommt und sagt, dass es Zeit ist, die Pferde zu satteln und sich auf den Weg zu machen, sitzt Elina alleine in der Sattelkammer. Als Ingela fragt, ob was vorgefallen ist, schüttelt sie energisch mit dem Kopf. Nein, sie ist nur ein bisschen müde.

»Jetzt wollen wir zusehen, die Pferde auf den Weg zu bringen«, sagt Ingela. »Und dann fahren wir beide mit dem Auto vor und melden sie an.«

Jetzt, wo Ingela im Stall ist, darf Elina plötzlich wieder mithelfen. Von allen Seiten ruft es: »Elina, kannst du das mal holen«, »Elina komm doch mal her«. Aber das macht nichts. Elina hilft den Mädchen gerne. Hauptsache, sie muss nicht in der Sattelkammer sitzen und sich überflüssig fühlen.

Am Ende darf sie Billie festhalten, als Josie die Weste anzieht und den Helm und die Gerte holt. Billie ist ziemlich ungeduldig. Am liebsten würde er auf die Weide. Wie er es morgens gewohnt ist. Die Ponys spüren, dass etwas Besonderes im Gange ist. Als sie sich vor dem Stall aufstellen sollen, gibt es Schwierigkeiten. Billie will einfach nicht still stehen.

»Du musst ihn ordentlich festhalten!« Josie seufzt und sieht Elina vorwurfsvoll an, weil sie

Billie nicht richtig halten kann, als er am Zügel zieht und weglaufen will.

»Billie!« Elina versucht es mit Schimpfen, aber das klingt eher wie ein Piepsen, das Billie gar nicht beeindruckt.

Ingela springt helfend ein.

»Du kannst nicht von Elina verlangen, dass sie Billie hält, wenn er bockt.«

Sie hält Billie mit der einen Hand fest und stemmt die andere gegen den Sattel. Eins, zwei, drei sitzt Josie im Sattel und kann die Steigbügel passend für ihre Größe einstellen. Ingela sagt zu Rebecca, dass sie mit Nanou an der Spitze reiten soll.

»Und nur im Schritt«, ermahnt sie die Mädchen. »Und schön in einer Reihe bleiben.«

Auf dem Nachbarhof wimmelt es von Mädchen und Jungen und Ponys in allen Größen.

Hier gibt es eine Reithalle und in der findet auch das Turnier statt.

Auf dem Reitplatz im Freien reiten die Reiter ihre Pferde ein. Sie wärmen sie auf und springen über die Hindernisse, die dort aufgebaut sind.

Ingela erklärt Elina, dass das der Abreiteplatz ist.

Ingela und Elina melden ihre Reiterinnen und Pferde bei einer Frau in der Cafeteria an.

»Schön, dass ihr kommen konntet«, sagt die Frau. »Es macht immer wieder Freude, die kleinen Ponys springen zu sehen.«

Ponys werden nach ihrer Größe eingeteilt. K-Ponys sind die kleinsten. Sie dürfen bis zu 127 Zentimeter Widerristhöhe haben. Der Widerrist ist der höchste Punkt auf dem Rücken, bevor die Mähne ansetzt. Die nächste Gruppe sind die M-Ponys, danach kommen die G-Ponys. Pferde mit über 148 Zentimeter Widerristhöhe zählen nicht mehr zu den Ponys, sondern zu den Kleinpferden.

Ingela zeigt Elina die verschiedenen Ponys.

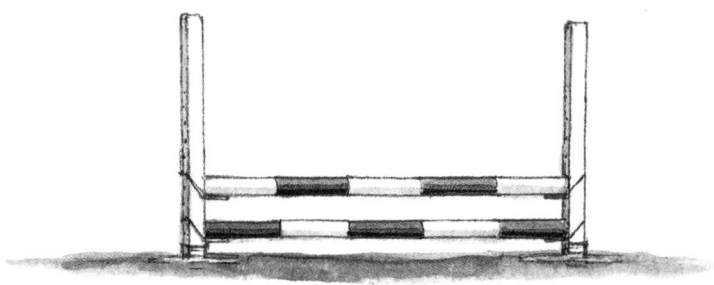

Elina findet, dass neben den kleinen Shettys alle wie Riesenpferde aussehen.

Die K-Ponys sollen zuerst springen. Weil sie die Kleinsten sind, kriegen sie auch die kleinsten Hindernisse. Danach werden sie nach und nach erhöht.

Als die Shettys mit Nanou an der Spitze auf dem Hofvorplatz eintreffen, sitzen alle Reiterinnen ab, um mit Ingela den Parcours in der Reithalle abzugehen. Es ist wichtig, dass sie wissen, in welcher Reihenfolge die Hindernisse stehen.

Ingela hat ein paar Mädchen vom Nachbarhof gebeten, währenddessen auf Sam, Nanou und Japp aufzupassen. Elina kümmert sich um Billie. Er scheint jetzt ganz ruhig zu sein. Elina hält ihn trotzdem gut fest. Bei Billie kann man nie wissen.

Josie ist schrecklich nervös, als sie wieder nach draußen kommt. Sie steckt Billie an, der gleich wieder zu tänzeln anfängt. Plötzlich macht er nichts mehr, was Josie von ihm will. Als hätte er die Gegenteil-Krankheit.

Wenn Josie nach rechts reiten will, zieht er nach links. Er weigert sich zu springen und galoppieren will er auch nicht. Jedenfalls nicht, als Josie ihm mit einem Schenkeldruck zum Galopp antreibt.

»Du musst energischer sein!« Ingela steht auf

dem Trainingsplatz und versucht, Josie zu helfen. »Gib Billie das Gefühl, dass du weißt, wo's langgeht.«

»Das weiß ich doch. Aber Billie stellt sich quer. Er will nicht.«

Josie schimpft lauthals, als Billie zum dritten Mal an einem Hindernis vorbeiläuft.

»Er testet dich aus«, sagt Ingela ruhig.

Ingela bleibt stehen und redet mit Josie, die aussieht, als ob sie jeden Augenblick losheulen wollte. Als sie das nächste Mal auf ein Hindernis zureitet, macht sie ein verkniffenes Gesicht. Ihre Oberschenkel zittern und unmittelbar vor dem Absprung schlägt sie Billie mit der Gerte auf die Schulter. Da bleibt Billie auf der Stelle stehen. Josie fliegt über Billies Kopf gegen das Hindernis.

Jetzt weint Josie wirklich. Sie schüttelt den Kopf, als Ingela Billie zu ihr bringt und ihn festhält, damit sie aufsitzen kann.

»Das war dein Fehler«, sagt Ingela. »Billie

wollte springen. Hättest du ihn nicht mit der Gerte geschlagen, hätte er das auch getan. Er mag nicht bestraft werden, wenn er nichts falsch gemacht hat.«

»Ich wollte nur sichergehen, dass er springt«, schluchzt Josie.

»Jetzt weißt du es.« Ingela klopft Josie auf die Schulter. »Du willst an dem Turnier teilnehmen. Nicht Billie. Darum musst du ihn überzeugen. Aber du darfst nicht ungerecht sein. Billie kann es. Daran darfst du keine Sekunde zweifeln. Du hättest Billie sehen sollen, als wir ihn letzte Woche mit Attack in der Halle frei springen gelassen haben. Das hat ihm richtig Spaß gemacht.«

Ingela überredet Josie, wieder aufzusitzen und es noch einmal zu probieren. Als Josie diesmal auf das Hindernis zureitet, fliegt Billie mit aufgestellten Ohren darüber. Ingela klatscht in die Hände und ruft »Bravo!«.

Eric muss auch ein ganze Weile mit Sam

kämpfen, ehe er sich entschließt zu gehorchen. Obwohl Eric es offenbar lustig findet, wenn Sam herumhüpft und keilt und durch die Gegend rast.

»Hilfe!«

Elina, die neben Ingela steht und zuguckt, ist bei jedem Sprung sicher, dass Eric runterfällt.

»Sam und Eric kennen sich«, sagt Ingela ruhig. »Du wirst schon sehen. Sobald sie auf dem Parcours sind, geht meistens alles gut.«

Sara vergisst, dass sie Japp anfeuern muss, damit er Schwung kriegt. Sie traben in Zeitlupe über den Platz.

»Du musst ihn antreiben!«

Ingela schnauft jedes Mal angestrengt, wenn Japp sich über ein Hindernis quält. Als Sara an ihr vorbeireitet, ruft sie ihr zu: »Wenn du Japp nicht wach rüttelst, bleibt er mitten im Parcours stehen.«

»Mach ich ja.« Sara nickt energisch. Ihr Gesicht unter dem Helm ist schon ganz rot.

»Elina und ich gehen jetzt in die Halle und gucken.«

Ingela versammelt alle Reiterinnen um sich.

»Gebt euer Bestes«, sagt sie. »Wir drücken euch die Daumen.«

Es ist spannend, mit Ingela auf der Zuschauertribüne zu stehen. »Wer alle Hindernisse schafft, ohne sie zu reißen oder dass die Pferde sich weigern zu springen, bekommt eine Rosette«, erklärt Ingela.

Die Lautsprecher beginnen zu knistern, und eine Stimme sagt, dass Japp und Sara Lindholm auf dem Parcours sind.

Sara hat ihre Jacke ausgezogen. Sie trägt einen Pullover unter der Sicherheitsweste und helle Reithosen. Japp hat seine karierte Turnierdecke unter dem Sattel. Sie sehen toll aus. Elina hält die Luft an, als die Stimme verkündet: »Ihr könnt starten!«

»Jetzt wird's spannend.« Ingela lehnt sich auf

die Bande. Sie wiegt sich vor und zurück und
schnalzt leise mit der Zunge. Es sieht fast aus,
als würde sie Japp antreiben.

Das erste, zweite und dritte Hindernis sind kein
Problem. Aber danach fängt Japp an zu trödeln,
obwohl Ingela die ganze Zeit »Nun mach schon«
vor sich hin murmelt. Über das vierte Hindernis
steigt Japp nur noch, und beim fünften hat er

überhaupt keinen Schwung mehr und bleibt einfach davor stehen. Da scheint Sara aufzuwachen. Sie brüllt Japp an, der das fünfte Hindernis wiederholen darf. Danach ist er etwas schneller, aber das hilft auch nichts mehr . . .

»Heute keine Rosette für Sara«, seufzt Ingela.

Sam und Eric kommen in die Reithalle, als Japp und Sara herausreiten. Sam flitzt wie eine braune Kanonenkugel über den Parcours. Von Trödelei keine Spur. Sie fliegen über ein Hindernis nach dem anderen. Als sie alle Hindernisse hinter sich gebracht haben, kann Eric Sam nicht bremsen. Sam will noch mehr Hindernisse springen.

»Halt!«

Elina legt erschrocken die Hand vor den Mund. Es sieht gefährlich aus, als Eric eine scharfe Kurve reitet, um Sam zum Stehen zu bringen.

»Sam ist wie eine Ketchupflasche«, sagt Ingela lachend. »Entweder es kommt gar nichts oder zu viel auf einmal.«

Die nächste Reiterin ist Rebecca mit Nanou. Ingela flüstert Elina zu, dass Nanou das zuverlässigste Pony ist und dass Rebecca es viel leichter hat als die anderen.

»Ihr habt Angst vor Nanou, weil sie manchmal schnappt. Das ist schade, sie ist nämlich ein ganz tolles Pony.«

Nanou und Rebecca nehmen ein Hindernis nach dem anderen, und bei ihnen sieht es wirklich kinderleicht aus. Danach sind Josie und Billie an der Reihe. Als Billie Nanou begegnet, die auf dem Weg nach draußen ist, will er umkehren und hinter ihr herlaufen.

»Billie!«

Billie schüttelt unruhig den Kopf, als er an der Tribüne vorbeiläuft. Seine kleinen Ohren drehen sich nervös in alle Richtungen und er zuckt erschrocken zur Seite, als die Lautsprecher ankündigen, dass nun Billie und Josefine Karlsson den Parcours reiten.

Der arme Billie starrt auf das Hindernis, als wäre

es ein Gespenst, und obwohl Josie ihn antreibt wie
verrückt, bringt sie ihn kaum zum Traben.

»Du schaffst das, Billie«, murmelt Ingela.

Aber bei Josie und Billie klappt gar nichts
mehr. Sie reiten zweimal auf das erste Hindernis
zu, aber Billie weigert sich zu springen. Josie
kämpft wie eine Wahnsinnige, aber es hilft alles

nichts. Als sie das dritte Mal auf das Hindernis zureiten, schlägt Josie mit der Gerte vor den Sattel, und da fliegt Billie regelrecht über das Hindernis. Aber dann vergisst Josie vor Aufregung zu lenken und Billie läuft am nächsten Hindernis vorbei. Sie müssen den Parcours verlassen. Das Pferd darf nur zweimal verweigern. Danach wird man disqualifiziert.

»Übung macht den Meister!« Ingela versucht Josie zu trösten, als sie sie vor der Reithalle treffen.

»Nächstes Mal geht es besser, du wirst schon sehen.«

Aber Josie sitzt im Sattel und weint. Sie kann sich gar nicht beruhigen.

Es hilft nicht einmal, als Anna, die vor Josie Billies Pflegemädchen war, ihr erzählt, dass es ihr beim ersten Turnier mit Billie genauso ergangen ist.

»Ihr werdet euch schon zusammenraufen«, sagt Anna. »Billie muss lernen, dass er dir vertrauen kann.«

»Komm, jetzt springt ihr ein bisschen auf dem Abreiteplatz. Danach fühlst du dich schon besser, du wirst sehen.«

Josie springt mehrmals nacheinander über die Hindernisse auf dem Übungsplatz. Jetzt ist Billie voll bei der Sache und fliegt mit gespitzten Ohren über die Hindernisse. Am Ende sieht Josie schon wieder etwas glücklicher aus. »Na ja, eigentlich ist es gar nicht so schlimm«, meint sie.

Als Josie abgesessen ist, führen sie Billie noch ein bisschen.

»Billie sah aus, als hätte er Angst gehabt«, sagt Elina.

»Er ist Reithallen nicht gewohnt!«, sagt Josie.

Sie sind sich einig: Billie hat das bestimmt nicht mit Absicht gemacht.

»Ich glaube nicht, dass Billie mich ärgern wollte«, meint Josie.

Elina schiebt die Hand unter Billies Mähne und lässt sie dort liegen.

»Am Ende ist er ja schließlich doch noch gesprungen«, sagt Josie. »Und das sehr schön.«
Elina nickt zustimmend.

Ingela breitet Decken über die Pferde, als alle fertig sind. Sie haben geschwitzt, und da muss man aufpassen, dass sie sich nicht verkühlen.

Elina darf auf Billie aufpassen, solange Josie auf der Tribüne ist, um Anna anzufeuern, die gleich auf einem großen Pferd springt.

Elina stellt sich vor, Billie wäre ihr Pony und dass sie gerade den Parcours geritten sind. Sie rückt den etwas zu großen Reithelm zurecht, den Josie ihr geliehen hat. Vor dem kleinen Kiosk stehen ein paar kleine Mädchen. Sie zeigen auf Billie und flüstern, wie süß er ist. Elina reckt sich und hält ihn besonders fest am Zügel.

»Bald lerne ich auch galoppieren«, flüstert Elina in Billies Ohr. »Und danach springen.«

Elina ist sicher, dass das wunderbar wird. Als sie die Augen zumacht, spürt sie, wie Billie mit ihr auf dem Rücken über das Hindernis springt.

# Die Schule fängt an

Es ist schade, dass die Ferien vorbei sind, aber
auch schön, dass die Schule wieder anfängt.
Endlich sieht Elina Hanna, Agnes und Matilda
wieder. Elina hat so viel zu erzählen, dass sie
fast platzt!

Die Lehrerin erlaubt ihnen, in der ersten Pause
im Klassenzimmer zu bleiben. Die vier
Freundinnen sitzen zwischen den Kuschelkissen
und erzählen von den Weihnachtsferien. Außer
Elina waren alle verreist. Matilda ist braun
gebrannt und hat auch viel zu erzählen. Sie war
auf den Kanarischen Inseln und hat im Meer
gebadet und ist in Shorts und Sandalen
rumgelaufen, während zu Hause Winter ist.

Elina unterbricht Matilda. »Ich bin geritten!«

Sie sieht die anderen an. Jetzt werden sie aber staunen.

»Ich auch«, sagt Matilda. »Am Strand. Und ohne Helm. Mama hatte Angst, ich könnte runterfallen, aber das Pferd war superlieb. Nicht wie Billie.«

Elina sitzt stumm da. Sie wollte doch von ihren Abenteuern erzählen. Aber jetzt wollen alle mehr von dem Pferd erfahren, das durchs Wasser getrabt ist und so, sooo lieb war.

»Ist Sam etwa nicht mehr dein Lieblingspferd?«, fragt Elina schließlich.

»Doch, klar«, sagt Matilda.

»Aber du wirst niemals sein Pflegemädchen werden. Jedenfalls nicht richtig«, trumpft Elina auf.

Plötzlich hören alle Elina zu. Sie macht eine wichtige Miene und erzählt von Eric. »Sam ist nämlich sein Pony«, sagt Elina.

Alles, was sie im Stall erlebt hat, sprudelt wie ein Wasserfall aus ihr heraus. Die Freundinnen sollen alles hören.

Von der Reitstunde mit Japp, von der Hufschmiedin Kerstin und natürlich von dem Springturnier auf dem Backahof.

»Der Stall gehört trotzdem nicht dir«, sagt Matilda am Ende.

Erst jetzt merkt Elina, dass ihre Freundinnen

es gar nicht spannend finden, von ihren Ferienerlebnissen im Stall zu hören.

»Das habe ich doch gar nicht gesagt!« Elina sieht die anderen erstaunt an.

»Wenn wir zu Hause geblieben wären, hätten wir bestimmt auch kommen dürfen!« Agnes sieht sauer aus.

»Wir können doch auch nichts dafür, dass wir verreisen mussten«, sagt Hanna.

Matilda funkelt Elina wütend an. »Ich finde es gemein, den anderen die Pferde wegzunehmen! Du weißt genau, dass Japp das Lieblingspferd von Agnes ist.«

Jetzt findet Elina es nicht mehr schön, dass die Schule wieder angefangen hat. Und auch nicht, dass es nur noch zwei Tage bis zum Donnerstag und ihrem Nachmittag im Reitstall sind. Elinas Freundinnen sind sich einig, dass Elina eingebildet ist. Sie sind sich einig, dass es gemein ist, was Elina über Sam gesagt hat. Als Elina an diesem Nachmittag nach Hause kommt, weint sie. Papa muss sich eine wirre Geschichte von Pferden auf den Kanarischen Inseln und blöden Freundinnen anhören, die nichts kapieren.

»Ich wollte ihnen doch nur vom Stall erzählen«, schnieft Elina.

»Deine Freundinnen wären wahrscheinlich auch gern mit den Ponys zusammen gewesen«, sagt Papa.

»Vielleicht finden sie es ungerecht, dass du so viel Zeit im Stall verbringen durftest.«

Papa hat wahrscheinlich recht, denkt Elina, aber das hilft auch nichts, als sie am nächsten

Tag in die Schule kommt und alle sauer auf sie sind. Elina sagt zu Agnes, dass sie ihr Japp niemals wegnehmen würde, aber Agnes hört gar nicht zu. Sie läuft hinter Hanna her zu den Schaukeln.

Elina sitzt alleine vor dem Klassenraum und will nicht in die Pause gehen. Sie überlegt, ob sie mit der Schule aufhören und stattdessen bei Ingela im Stall arbeiten soll.

Am nächsten Morgen, es ist Donnerstag und Reittag, sagt Elina zu Mama, dass sie nie wieder reiten will.

»Das glaube ich dir nicht«, sagt Mama.

»Es stimmt aber!« Elina ist bockig und weigert sich, ihre Reitsachen zum Auto zu tragen. »Die sind alle so doof!«

Jetzt weint Elina und erzählt, dass sie den ganzen Tag in der Schule allein verbracht hat. Dass alle sie eingebildet finden, weil sie von den Tagen im Stall erzählt hat.

»So kann das nicht weitergehen«, sagt
Mama. »Ihr sollt doch zusammen reiten und
Spaß haben. Das musst du Matilda, Hanna und
Agnes sagen.«

Am Ende muss Elina sich entscheiden.
Entweder trägt sie jetzt ihre Reitsachen zum
Auto und fährt nach der Schule mit den anderen
in den Stall, oder sie hört mit dem Reiten auf.
Mama ist streng. Probleme sind dazu da, dass
wir sie lösen, findet sie.

Es ist ganz still im Auto, als Agnes' Mama die
Mädchen nach der Schule zum Stall fährt.

Zwischen Elina und den anderen Mädchen auf
der Rückbank ist ein kleiner Abstand. Elina starrt
aus dem Fenster und denkt an Billie. Sie will auf
keinen Fall aufhören zu reiten! Egal, wie dumm
die anderen sind.

Als sie im Stall angekommen sind, sagt
Ingela, dass sie mit ihnen reden muss. Ihre
Stimme ist so ernst, dass die Mädchen ihr mit

einem sehr mulmigen Gefühl in die Sattelkammer folgen.

»Ich habe gehört, dass ihr euch wegen der Ponys verkracht habt.«

Die Mädchen winden sich betreten unter Ingelas fragenden Blicken.

»Das mache ich nicht mit«, fährt Ingela fort.

Dann sagt sie, dass sie alle vier tüchtige Reiterinnen sind.

Wenn sie weitermachen, werden sie immer mehr Zeit im Stall verbringen. Sie werden auch auf den Lieblingspferden der anderen Mädchen reiten und vielleicht sogar gegeneinander antreten.

»Aber damit das funktioniert, müssen alle zusammenarbeiten und einander helfen«, sagt Ingela.

Matilda versucht Ingela zu erklären, was das Problem ist: »Elina tut, als würden die Ponys ihr gehören!«

»Ich wollte euch doch nur von den Ferien erzählen«, sagt Elina.

»Aber als Matilda erzählt hat, hast du kaum zugehört«, sagt Agnes.

»Immer willst nur du erzählen«, sagt Hanna.

Ingela meint, dass Elina vielleicht ganz besonders pferdeverrückt ist. Und dann erzählt sie den anderen, wie Elina an einem Tag mehrere Stunden auf dem Misthaufen gestanden und Pferdeäpfel gekarrt hat.

»Dazu hätte ich keine Lust!« Agnes sieht panisch aus. »Igitt, wie ekelig!«

Hanna und Mattis lachen.

»Aber so etwas gehört auch dazu, wenn man im Stall sein will«, sagt Ingela.

Ingela bringt die Mädchen dazu, sich zu entschuldigen. Elina dafür, dass sie nur von sich erzählt hat, und die anderen Mädchen, weil sie sich ziemlich dumm benommen haben.

Als sie in den Stall gehen, um sich gemeinsam mit den großen Mädchen um die Ponys zu kümmern, ist alles wieder gut.

Ingela hat recht, denkt Elina. Sie würde fast alles machen, um bei den Pferden im Stall sein zu dürfen.

# Endlich wieder Billie

An diesem Tag ist Elinas und Josies letzter Tag mit Billie. Danach kümmern sich zwei andere Mädchen um ihn. So ist das in Ingelas Reitstall. Ingela will, dass die Mädchen alle Ponys kennenlernen. Sie sagt, dass sie besser reiten lernen, wenn sie nicht die ganze Zeit auf dem gleichen Pony reiten. Natürlich will Elina eine gute Reiterin werden, aber heute ist sie selig, dass sie und Josie Billie haben.

Als sie auf die Weide kommen, reicht Josie Elina Billies Halfter und lässt Elina alleine zu Billie gehen. »Du darfst ihm heute das Halfter anlegen.«

»Hallo, Billie!«, sagt Elina.

Billie hebt den Kopf und spitzt die kleinen
Ohren, als Elina auf ihn zukommt.

»Heute reiten wir in den Wald«, sagt Elina.

Elina ist sicher, dass Billie sie verstanden hat.
Als sie ihn auftrenst, muckt er überhaupt nicht.

»Gut machst du das!«

Josie lobt Elina, als sie mit Billie zu ihr kommt. Elina sagt nicht, was sie denkt: dass Billie sich inzwischen an sie gewöhnt hat. Dass Billie und sie zusammengehören.

Jetzt ist das Leben wieder in Ordnung. Es macht riesigen Spaß, mit Hanna, Agnes und Matilda und den großen Mädchen im Stall zu sein. Billie schließt genüsslich die Augen, als Elina ihm mit der Wurzelbürste den langen Pelz striegelt. Ab und zu ruht die Bürste, wenn Elina sich mit Matilda in der Nachbarbox unterhält.

»Hier gefällt es mir besser als auf den Kanarischen Inseln«, sagt Matilda mit dem Arm um Sams Hals. »Ich will nie mehr verreisen.«

»Tut mir leid, was ich über Sam gesagt habe«, sagt Elina.

»Sam ist der Beste«, sagt Matilda. »Aber vielleicht werde ich ja später Pflegerin von einem anderen Pony.«

Elina nickt. Ein anderes Pony ist genauso gut.

Hauptsache, man kann im Stall sein. Aber ganz tief in Elina drin sitzt eine Stimme und widerspricht ihr. Aber das verrät Elina nicht.

Sie müssen sich beeilen. Damit sie aus dem Wald zurück sind, ehe es ganz dunkel ist. Es ist so wunderbar auszureiten. Der Schnee knirscht unter Billies Hufen. Elina stellt sich vor, dass sie ganz allein mit Billie im Wald ist. Obwohl es gut ist zu wissen, dass Ingela ihn hält. Besonders, wenn sie längere Strecken traben. Billie scheint es heute im Wald besonders spannend zu finden.

Er schnaubt und trabt mit hohen Schritten. Ab und zu macht er einen Hopser.

»Warum macht er das?«

»Billie will galoppieren«, sagt Ingela. »Wenn wir nicht aufpassen, läuft er uns davon.«

Ich will, ich will, ich will, denkt Elina. Bitte, Billie! Galoppier doch ein bisschen.

»Was meint ihr, Mädchen?«

Ingela bringt die ganze Pony-Schlange zum Stehen.

»Wollen wir es mit einem ganz kurzen und langsamen Galopp probieren?«

»Nein!« Matilda und Hanna wollen nicht.

»Dann machen wir es so.«

Ingela sagt, dass Elina und Agnes es probieren dürfen. Nur ein ganz kleines Stück. Das ist so aufregend, dass Elina kaum Luft kriegt. Matilda und Hanna überholen sie und warten ein Stück weiter vorne.

»Bist du bereit?«

Elina nickt. Ingela hält Billies Führstrick ganz fest. Dann dreht sie sich um und sagt zu Sara, dass sie auf Agnes aufpassen soll.

»Los geht's!«

Elina steht in den Steigbügeln. Genau wie Ingela es ihnen beigebracht hat. Als Ingela »Galopp« sagt, saust Billie los. Geht das schnell! Und es ist so herrlich, dass Elina kaum glauben kann, dass es wahr ist.

Als sie wieder langsamer werden, hat Billie noch so viel Flöhe in den Beinen, dass er mehrmals um Ingela herumtänzelt.

Aber das macht Elina nichts aus. Sie sitzt im Sattel und strahlt wie eine Sonne. Sie fühlt sich, als hätten Billie und sie einen Pokal gewonnen, als die anderen ihr und Agnes gratulieren.

»Nächstes Mal«, sagen Matilda und Hanna. »Nächstes Mal trauen wir uns auch.«

Als Elina später nach Hause kommt, rast sie zu Mama und Papa und schreit aufgeregt: »Ich bin mit Billie Galopp geritten!«

»Oje!« Mama sieht ein bisschen besorgt aus. »Kannst du das denn schon?«

»Ingela hat ihn festgehalten und Billie war so lieb!«, ruft Elina.

»Das muss gefeiert werden«, sagt Papa. »Heute gibt es ein Eis zum Nachtisch.«

Mama will wissen, wie es mit den Freundinnen war. »Und ihr seid nicht mehr verkracht?«

»Es war etwas schwierig, weil ich so
pferdeverrückt bin«, erklärt Elina.

»Wie soll das bloß enden«, sagt Papa

mindestens zum zehnten Mal, seit Elina mit dem Reiten angefangen hat.

»Das wird gut enden!« Elina galoppiert um den Küchentisch. »Erst lerne ich galoppieren und dann springen. Irgendwann wird Josie zu groß für Billie. Dann werde ich seine Pflegerin und reite Turniere mit ihm.«

Mama und Papa schütteln die Köpfe über Elinas wilde Träume.

»Aber das verrate ich den anderen nicht!« Elina legt die Stirn in Falten und sieht Mama und Papa ernst an. »Das weiß bis jetzt nur Billie . . .«

# Lin Hallberg
## Billie

## Alle lieben Billie

## Frechdachs Billie, liebster Freund

Elina ist überglücklich: Sie darf auf Billie reiten, dem süßesten und liebsten Shetlandpony auf dem Reiterhof. Aber Billie hat auch einen ganz schönen Dickkopf. Immer will er der Erste und der Schnellste sein! Da ist Reiten manchmal gar nicht so einfach, vor allem, wenn man es erst noch lernen muss. Zum Glück hat Elina jede Menge Mut!

Große Aufregung auf dem Reiterhof! Elina und ihre Ponyfreundinnen üben eifrig für das große Fest. Endlich können sie zeigen, was sie gelernt haben! Natürlich möchte Elina auf Billie, ihrem Lieblingspony, reiten. Aber Billie ist ziemlich frech – und manchmal auch ein bisschen wild! Ist Elina wirklich schon gut genug, um die Quadrille auf ihrem heißgeliebten Frechdachs zu reiten?

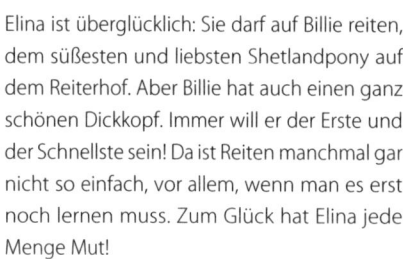

Arena

Band 1
128 Seiten • Gebunden
ISBN 978-3-401-45451-1

Band 2
128 Seiten • Gebunden
ISBN 978-3-401-45452-8
www.arena-verlag.de